Eduard Mörike

# Die Historie

# von der schönen Lau

Eduard Mörike: Die Historie von der schönen Lau

Neuausgabe mit einer Biographie des Autors
Herausgegeben von Karl-Maria Guth
Berlin 2016

Der Text dieser Ausgabe folgt:
Eduard Mörike: Sämtliche Werke; Briefe. Ausgabe in drei Bänden.
Herausgegeben von Gerhart Baumann in Verbindung mit Siegfried
Gross, Stuttgart: Cotta, 1959–61.

Die Paginierung obiger Ausgabe wird hier als Marginalie zeilengenau
mitgeführt.

Umschlaggestaltung von Thomas Schultz-Overhage unter Verwendung
des Bildes: Die Schöne Lau am Blautopf. Fotografiert von
Freak-Line-Community. Lizenz: CC BY-SA 3.0.
https://creativecommons.org/licenses/by-sa/3.0/
https://commons.wikimedia.org/wiki/File:Schöne_Lau.JPG

Gesetzt aus der Minion Pro, 12 pt

Verlag: Henricus - Edition Deutsche Klassik GmbH
Mörchinger Str. 33, 14169 Berlin, info@henricus-verlag.de
Druck: Libri Plureos GmbH, Friedensallee 273, 22763 Hamburg

Die Ausgaben der Sammlung Hofenberg basieren auf zuverlässigen
Textgrundlagen. Die Seitenkonkordanz zu anerkannten
Studienausgaben machen Hofenbergtexte auch in wissenschaftlichem
Zusammenhang zitierfähig.

ISBN 978-3-8430-8869-5

Bibliografische Information der Deutschen Nationalbibliothek

Die Deutsche Nationalbibliothek verzeichnet diese Publikation in
der Deutschen Nationalbibliografie; detaillierte bibliografische Daten
sind im Internet über www.dnb.de abrufbar.

Der Blautopf[1] ist der große runde Kessel eines wundersamen Quells bei einer jähen Felsenwand gleich hinter dem Kloster.

1     Die dunkle, vollkommen blaue Farbe der Quelle, ihre verborgene Tiefe und die wilde Natur der ganzen Umgebung verleihen ihr ein feierliches, geheimnisvolles Ansehn. Kein Wunder, wenn sie in alten Zeiten als heilig betrachtet wurde, und wenn das Volk noch jetzt mit abenteuerlichen Vorstellungen davon sich trägt. – Der Durchmesser des Beckens ist in der einen Richtung vom Wehr an 125', in der andern 130', der Umfang also 408'. Der Prälat Weißensee nahm im Jahre 1718 eine Untersuchung vor und fand die Tiefe zu $63^1/_2$ Fuß, gegen welchen Erfund, besonders von seiten des Volks, das sich die Unergründlichkeit nicht nehmen lassen wollte, mancherlei Einwendungen gemacht wurden. Das Ergebnis einer spätern Untersuchung, im Sommer 1829, war aber auch nur 71' am Punkt der größten Tiefe. Dieselbe befindet sich ziemlich in der Mitte des Topfs; nach den Seiten nimmt sie überall ab, so daß sich daraus wirklich eine trichterförmige Gestalt des Beckens ergibt. Die Untersuchung widerlegte auch die Meinung, daß Bäume und Baumstämme auf dem Grund versenkt liegen, denn das Senkblei fand nirgends den mindesten Widerstand. Mit Verwunderung vernahmen einzelne die Messung und fragten, ob denn das Senkblei unten nicht geschmolzen sei? denn eine alte Sage sprach von glühender Hitze in den untersten Schichten. – Die schöne Bläue des übrigen krystallhellen Wassers verstärkt sich mit zunehmender Tiefe; nur an dem Rande, wo die Vegetation einwirkt, fällt sie ins Grüne. Bis jetzt ist dieses Blau noch nicht genügend erklärt. Weder in der Umgebung noch in der Farbe des Grunds kann die Ursache liegen, weil das Wasser sein bläuliches Ansehen bis zum Ausfluß in die Donau behält. Ebensowenig hat eine chemische Untersuchung durch Prof. Schübler einen Gehalt an Metallen oder anderen Stoffen, wodurch die Erscheinung veranlaßt werden könnte, gezeigt; das Wasser stellte sich nur reiner als die meisten Trinkwasser dar. – Sein Spiegel ist gewöhnlich ganz ruhig, so daß man kein

Gen Morgen sendet er ein Flüßchen aus, die Blau, welche der Donau zufällt. Dieser Teich ist einwärts wie ein tiefer Trichter, sein Wasser von Farbe ganz blau, sehr herrlich, mit Worten nicht wohl zu beschreiben; wenn man es aber schöpft, sieht es ganz hell in dem Gefäß.

Zu unterst auf dem Grund saß ehmals eine Wasserfrau mit langen fließenden Haaren. Ihr Leib war allenthalben wie eines schönen, natürlichen Weibs, dies eine ausgenommen, daß sie zwischen den Fingern und Zehen eine Schwimmhaut hatte, blühweiß und zärter als ein Blatt vom Mohn. Im Städtlein ist noch heutzutag ein alter Bau, vormals ein Frauenkloster, hernach zu einer großen Wirtschaft eingerichtet, und hieß darum der Nonnenhof. Dort hing vor sechszig Jahren noch ein Bildnis von dem Wasserweib, trotz Rauch und Alter noch wohl kenntlich in den Farben. Da hatte sie die Hände kreuzweis auf

Hervorquellen bemerkt; dennoch ist der Abfluß so stark, daß er nicht nur mittelst des an der Quelle angebrachten Brunnenhauses die ganze Stadt und das Kloster mit Wasser versieht, sondern auch ein ebenfalls daran stehendes Hammerwerk und unmittelbar darauf vier Mühlen treibt. Bei anhaltendem Regen- und Tauwetter trübt sich die Quelle, wird auffallend stärker und so unruhig, daß sie beträchtliche Wellen aufwirft und Überschwemmungen verursacht. Im Jahre 1641 soll die Gefahr so groß gewesen sein, daß ein Bettag gehalten, eine Prozession zum Blautopf veranstaltet und zu Versöhnung der erzürnten Gottheit (allerdings keiner Nymphe) zwei vergoldete Becher hineingeworfen wurden, worauf das Toben nachgelassen habe. Unstreitig steht der Blautopf durch unterirdische Klüfte in Verbindung mit der Albfläche und insbesondere mit den darauf befindlichen Erdtrichtern. – Einige hundert Schritte von dem Topf ist ein zweiter ähnlicher Quell, der Gieselbach, an welchem einst die alte Niklaus-Kapelle und ein Nonnenkloster stand. (Nach Memmingers Beschr. d. Ob.-Amts Blaubeuren.)

die Brust gelegt, ihr Angesicht sah weißlich, das Haupthaar schwarz, die Augen aber, welche sehr groß waren, blau. Beim Volk hieß sie die arge *Lau*[2] im Topf, auch wohl die schöne Lau. Gegen die Menschen erzeigte sie sich bald böse, bald gut. Zuzeiten, wenn sie im Unmut den Gumpen[3] übergehen ließ, kam Stadt und Kloster in Gefahr, dann brachten ihr die Bürger in einem feierlichen Aufzug oft Geschenke, sie zu begütigen, als: Gold- und Silbergeschirr, Becher, Schalen, kleine Messer[4] und andre Dinge, dawider zwar, als einen heidnischen Gebrauch und Götzendienst, die Mönche redlich eiferten, bis derselbe auch endlich ganz abgestellt worden. So feind darum die Wasserfrau dem Kloster war, geschah es doch nicht selten, wenn Pater Emeran die Orgel drüben schlug und kein Mensch in

2   von La, Wasser, welches in lo, lau, b'lau überging, daher nach Schmid der Name des Flüßchens Blau (und Blautopf) abzuleiten wäre.

3   (der), gewöhnlich nur eine vertiefte Stelle auf dem Grunde des Wassers, hier das Ganze einer größern Wassersammlung mit bedeutender kesselartiger Vertiefung. Wer etwa, wie einige ohne Not wollen, das Wort *Topf* im Sinn von *Kreisel* nimmt und es damit erklärt, daß das Wasser, besonders bei starkem Regen- und Tauwetter, wo es sich in der Mitte pyramidalisch erhebt, eine kreisende Bewegung macht, der wird unsern Ausdruck doppelt gerechtfertigt finde, da *gumpen, gampen* entschieden so viel ist als: hüpfen, tanzen, mutwillig hinausschlagen.

4   Es war eine alte Sitte, die noch nicht ganz abgekommen ist, sich zum Zeichen der Freundschaft mit Messern zu beschenken; vorzüglich herrschte sie in den Klöstern. Der Mystiker Meister Heinrich von Nördlingen, Taulers und Susos Freund, schickte den Klosterfrauen zu Medingen öfters Messer zum Geschenke. Daher vielleicht die Redensart: Messerlein geben, d.h. nachgeben, Abbitte tun.

der Nähe war, daß sie am lichten Tag mit halbem Leib herauf-
kam und zuhorchte; dabei trug sie zuweilen einen Kranz von
breiten Blättern auf dem Kopf und auch dergleichen um den
Hals.

Ein frecher Hirtenjung' belauschte sie einmal in dem Gebüsch
und rief: »Hei, Laubfrosch! git's gu$^a$t Wetter?« Geschwinder als
ein Blitz und giftiger als eine Otter fuhr sie heraus, ergriff den
Knaben beim Schopf und riß ihn mit hinunter in eine ihrer
nassen Kammern, wo sie den ohnmächtig gewordenen jämmer-
lich verschmachten und verfaulen lassen wollte. Bald aber kam
er wieder zu sich, fand eine Tür und kam, über Stufen und
Gänge, durch viele Gemächer in einen schönen Saal. Hier war
es lieblich, glusam$^5$ mitten im Winter. In einer Ecke brannte,
indem die Lau und ihre Dienerschaft schon schlief, auf einem
hohen Leuchter mit goldenen Vogelfüßen als Nachtlicht eine
Ampel. Es stand viel köstlicher Hausrat herum an den Wänden,
und diese waren samt dem Estrich ganz mit Teppichen staffiert,
Bildweberei in allen Farben. Der Knabe hurtig nahm das Licht
herunter von dem Stock, sah sich in Eile um, was er noch sonst
erwischen möchte, und griff aus einem Schrank etwas heraus,
das stak in einem Beutel und war mächtig schwer, deswegen
er vermeinte, es sei Gold; lief dann und kam vor ein erzenes
Pförtlein, das mochte in der Dicke gut zwo Fäuste sein, schob
die Riegel zurück und stieg eine steinerne Treppe hinauf in
unterschiedlichen Absätzen, bald links, bald wieder rechts, gewiß
vierhundert Stufen, bis sie zuletzt ausgingen und er auf unge-
räumte Klüfte stieß; da mußte er das Licht dahinten lassen und
kletterte so mit Gefahr seines Lebens noch eine Stunde lang
im Finstern hin und her, dann aber brachte er den Kopf auf

5    mäßig erwärmt (auch in moralischer Bedeutung: stillen Charak-
ters).

einmal aus der Erde. Es war tief Nacht und dicker Wald um ihn. Als er nach vielem Irregehen endlich mit der ersten Morgenhelle auf gänge Pfade[6] kam und von dem Felsen aus das Städtlein unten erblickte, verlangte ihn am Tag zu sehen, was in dem Beutel wäre; da war es weiter nichts als ein Stück Blei, ein schwerer Kegel, spannenlang, mit einem Öhr an seinem 783 obern Ende, weiß vor Alter. Im Zorn warf er den Plunder weg, ins Tal hinab, und sagte nachher weiter niemand von dem Raub, weil er sich dessen schämte. Doch kam von ihm die erste Kunde von der Wohnung der Wasserfrau unter die Leute.

Nun ist zu wissen, daß die schöne Lau nicht hier am Ort zu Hause war; vielmehr war sie, als eine Fürstentochter, und zwar, von Mutterseiten her halbmenschlichen Geblüts, mit einem alten Donaunix am Schwarzen Meer vermählt. Ihr Mann verbannte sie, darum, daß sie nur tote Kinder hatte. Das aber kam, weil sie stets traurig war, ohn' einige besondere Ursach'. Die Schwiegermutter hatte ihr geweissagt, sie möge eher nicht eines lebenden Kindes genesen, als bis sie fünfmal von Herzen gelacht haben würde. Beim fünften Male müßte etwas sein, das dürfe sie nicht wissen, noch auch der alte Nix. Es wollte aber damit niemals glücken, soviel auch ihre Leute deshalb Fleiß anwendeten; endlich da mochte sie der alte König ferner nicht an seinem Hofe leiden und sandte sie an diesen Ort, unweit der obern Donau, wo seine Schwester wohnte. Die Schwiegermutter hatte ihr zum Dienst und Zeitvertreib etliche Kammerzofen und Mägde mitgegeben, so muntere und kluge Mädchen, als je auf Entenfüßen gingen (denn was von dem gemeinen Stamm der Wasserweiber ist, hat rechte Entenfüße); die zogen sie, pur für die Langeweile, sechsmal des Tages anders an – denn außerhalb dem Wasser ging sie in köstlichen Gewändern, doch barfuß –,

6    begangene.

erzählten ihr alte Geschichten und Mären, machten Musik, tanzten und scherzten vor ihr. An jenem Saal, darin der Hirtenbub gewesen, war der Fürstin ihr Gaden oder Schlafgemach, von welchem eine Treppe in den Blautopf ging. Da lag sie manchen lieben Tag und manche Sommernacht, der Kühlung wegen. Auch hatte sie allerlei lustige Tiere, wie Vögel, Küllhasen[7] und Affen, vornehmlich aber einen possigen Zwerg, durch welchen vormals einem Ohm der Fürstin war von ebensolcher Traurigkeit geholfen worden. Sie spielte alle Abend Damenziehen, Schachzagel[8] oder Schaf und Wolf mit ihm; so oft er einen ungeschickten Zug getan, schnitt er die raresten Gesichter, keines dem andern gleich, nein, immer eines ärger als das andere, daß auch der weise Salomo das Lachen nicht gehalten hätte, geschweige denn die Kammerjungfern oder du selber, liebe Leserin, wärst du dabei gewesen; nur bei der schönen Lau schlug eben gar nichts an, kaum daß sie ein paarmal den Mund verzog.

Es kamen alle Jahr um Winters Anfang Boten von daheim, 784 die klopften an der Halle mit dem Hammer, da frugen dann die Jungfern:

Wer pochet, daß einem das Herz erschrickt?

Und jene sprachen:

Der König schickt!
Gebt uns wahrhaftigen Bescheid,
Was Guts ihr habt geschafft die Zeit.

7    Kaninchen.
8    (das), Schachspiel.

Und sie sagten:

> Wir haben die ferndigen[9]Lieder gesungen
> Und haben die ferndigen Tänze gesprungen,
> Gewonnen war es um ein Haar! –
> Kommt, liebe Herren, übers Jahr.

So zogen sie wieder nach Haus. Die Frau war aber vor der Botschaft und darnach stets noch einmal so traurig.

Im Nonnenhof war eine dicke Wirtin, Frau Betha Seysolffin, ein frohes Biederweib, christlich, leutselig, gütig; zumal an armen reisenden Gesellen bewies sie sich als eine rechte Fremdenmutter. Die Wirtschaft führte zumeist ihr ältester Sohn, Stephan, welcher verehlicht war; ein anderer, Xaver, war Klosterkoch, zwo Töchter noch bei ihr. Sie hatte einen kleinen Küchengarten vor der Stadt, dem Topf zunächst. Als sie im Frühjahr einst am ersten warmen Tag dort war und ihre Beete richtete, den Kappis[10], den Salat zu säen, Bohnen und Zwiebel zu stecken, besah sie sich von ungefähr auch einmal recht mit Wohlgefallen wieder das schöne blaue Wasser überm Zaun und mit Verdruß daneben einen alten garstigen Schutthügel, der schändete den ganzen Platz; nahm also, wie sie fertig war mit ihrer Arbeit und das Gartentürlein hinter sich zugemacht hatte, die Hacke noch einmal, riß flink das gröbste Unkraut aus, erlas etliche Kürbiskern' aus ihrem Samenkorb und steckte hin und wieder einen in den Haufen. (Der Abt im Kloster, der die Wirtin, als eine saubere Frau, gern sah – man hätte sie nicht über vierzig Jahr geschätzt, er selber aber war gleich ihr ein starkbeleibter Herr – stand just am Fenster oben und grüßte herüber, indem

9    voriges Jahr.
10   Kohl.

er mit dem Finger drohte, als halte sie zu seiner Widersacherin.) Die Wüstung grünte nun den ganzen Sommer, daß es eine Freude war, und hingen dann im Herbst die großen gelben Kürbis an dem Abhang nieder bis zu dem Teich.

785

Jetzt ging einsmals der Wirtin Tochter, Jutta, in den Keller, woselbst sich noch von alten Zeiten her ein offener Brunnen mit einem steinernen Kasten befand. Beim Schein des Lichts erblickte sie darinne mit Entsetzen die schöne Lau, schwebend bis an die Brust im Wasser; sprang voller Angst davon und sagt's der Mutter an; die fürchtete sich nicht und stieg allein hinunter, litt auch nicht, daß ihr der Sohn zum Schutz nachfolge, weil das Weib nackt war.

Der wunderliche Gast sprach diesen Gruß:

»Die Wasserfrau ist kommen
Gekrochen und geschwommen,
Durch Gänge steinig, wüst und kraus,
Zur Wirtin in das Nonnenhaus.
Sie hat sich meinethalb gebückt,
Mein' Topf geschmückt
Mit Früchten und mit Ranken,
Das muß ich billig danken.«

Sie hatte einen Kreisel aus wasserhellem Stein in ihrer Hand, den gab sie der Wirtin und sagte: »Nehmt dieses Spielzeug, liebe Frau, zu meinem Angedenken! Ihr werdet guten Nutzen davon haben. Denn jüngsthin habe ich gehört, wie Ihr in Eurem Garten der Nachbarin klagtet, Euch sei schon auf die Kirchweih angst, wo immer die Bürger und Bauern zu Unfrieden kämen und Mord und Totschlag zu befahren sei. Derhalben, liebe Frau, wenn wieder die trunkenen Gäste bei Tanz und Zeche Streit beginnen, nehmt den Topf zur Hand und dreht ihn vor der Tür des Saals im Öhrn[11], da wird man hören durch das ganze Haus ein mächtiges und herrliches Getöne, daß alle gleich die Fäuste werden sinken lassen und guter Dinge sein, denn jählings ist ein jeder nüchtern und gescheit geworden. Ist es an dem, so werfet Eure Schürze auf den Topf, da wickelt er sich alsbald ein und lieget stille.«

So redete das Wasserweib. Frau Betha nahm vergnügt das Kleinod samt der goldenen Schnur und dem Halter von Ebenholz, rief ihrer Tochter Jutta her (sie stand nur hinter dem Krautfaß an der Staffel), wies ihr die Gabe, dankte und lud die Frau, so oft die Zeit ihr lang wär', freundlich ein zu fernerem Besuch, darauf das Weib hinabfuhr und verschwand.

Es dauerte nicht lang, so wurde offenbar, welch einen Schatz die Wirtschaft an dem Topf gewann. Denn nicht allein, daß er durch seine Kraft und hohe Tugend die übeln Händel allezeit in einer Kürze dämpfte, er brachte auch dem Gasthaus bald erstaunliche Einkehr zuwege. Wer in die Gegend kam, gemein oder vornehm, ging ihm zulieb'; insonderheit kam bald der Graf von Helfenstein, von Wirtemberg und etliche große Prälaten; ja ein berühmter Herzog aus Lombardenland, so bei dem Herzoge von Bayern gastweis war und dieses Wegs nach Frankreich reiste, bot vieles Geld für dieses Stück, wenn es die Wirtin lassen wollte. Gewiß auch war in keinem andern Land seinesgleichen zu sehn und zu hören. Erst, wenn er anhub sich zu drehen, ging es doucement her, dann klang es stärker und stärker, so hoch wie tief, und immer herrlicher, als wie der Schall von vielen Pfeifen, der quoll und stieg durch alle Stockwerke bis unter das Dach und bis in den Keller, dergestalt, daß alle Wände, Dielen, Säulen und Geländer schienen davon erfüllt zu sein, zu tönen und zu schwellen. Wenn nun das Tuch auf

11  Hausflur.

ihn geworfen wurde und er ohnmächtig lag, so hörte gleichwohl die Musik sobald nicht auf, es zog vielmehr der ausgeladene Schwall mit starkem Klingen, Dröhnen, Summen noch wohl bei einer Viertelstunde hin und her.

Bei uns im Schwabenland heißt so ein Topf aus Holz gemeinhin eine Habergeis[12]; Frau Betha ihrer ward nach seinem vornehmsten Geschäfte insgemein genannt der Bauren-Schwaiger[13]. Er war gemacht aus einem großen Amethyst, des Name besagen

12    von *heben*, wegen der hüpfenden, hoppelnden Bewegung des Kreises.

13    von *geschweigen*, stillen. Die alten Griechen und Römer hatten magische Kreisel, Rollen und Räder meist aus Erz, deren sich Frauen und Mädchen zum Liebeszauber bedienten, indem sie dieselben unter seltsamen Bannsprüchen herumdrehten. So in der zweiten Idylle des Theokrit. Nach einem Epigramm der griechischen Anthologie hatten vornehme Thessalierinnen dergleichen aus Edelstein und Gold, mit Fäden purpurner Wolle umwickelt, welcher besonders eine geheime Kraft inwohnen sollte. Natürlich hat man sich diese Kreisel weit kleiner überhaupt von andrer Form als den unsern zu denken. In jenem Epigramm wird der Venus ein solches Weihgeschenk gebracht:
Nikos Kreisel, mit dem sie den Mann fern über das Meer zieht
Oder dem stillen Gemach sittige Mädchen entlockt,
Lieget, ein hell Amethystengerät und mit Golde verzieret,
Kypris, ein lieber Besitz, deinem Altare geweiht,
Mitten von Wolle des purpurnen Lamms umwunden. Larissas
Zauberin bracht' ihn dir, Göttin, ein gastlich Geschenk.
s. Jacobs »Leben und Kunst der Alten«.
Während der Stoff, woraus das Instrument der Larisserin bestand, zum Zweck selbst nichts beitrug, wird er in unsrem Fall Hauptsache, und die von den Alten dem Amethyst zugeschriebene Wirkung, derenwegen man sonst den Stein in Schmuckform bei sich trug, ist hier an den tönenden Kreisel geknüpft.

will: wider den Trunk, weil er den schweren Dunst des Weins geschwinde aus dem Kopf vertreibt, ja schon von Anbeginn dawider tut, daß einen guten Zecher das Selige[14] berühre; darum ihn auch weltlich und geistliche Herren sonst häufig pflegten am Finger zu tragen.

Die Wasserfrau kam jeden Mond einmal, auch je und je unverhofft zwischen der Zeit, weshalb die Wirtin eine Schelle richten ließ, oben im Haus, mit einem Draht, der lief herunter an der Wand beim Brunnen, damit sie sich gleichbald anzeigen konnte. Also ward sie je mehr und mehr zutunlich zu den wackeren Frauen, der Mutter samt den Töchtern und der Söhnerin[15].

Einsmals an einem Nachmittag im Sommer, da eben keine Gäste kamen, der Sohn mit den Knechten und Mägden hinaus in das Heu gefahren war, Frau Betha mit der Ältesten im Keller Wein abließ, die Lau im Brunnen aber Kurzweil halben dem Geschäft zusah und nun die Frauen noch ein wenig mit ihr plauderten, da fing die Wirtin an: »Mögt Ihr Euch denn einmal in meinem Haus und Hof umsehn? Die Jutta könnte Euch etwas von Kleidern geben; ihr seid von *einer* Größe.«

»Ja«, sagte sie, »ich wollte lange gern die Wohnungen der Menschen sehn, was alles sie darin gewerben, spinnen, weben, ingleichen auch wie Eure Töchter Hochzeit machen und ihre kleinen Kinder in der Wiege schwenken.«

---

14  *Selig*, berauscht ist nicht gleichbedeutend mit glückselig, obwohl darauf hinspielend, sondern gleichen Stamms mit *Sal*, Rausch, niedersächsisch; soûl, betrunken, französisch. – »Als verfälschten die Bürger den Landwein auf eine so unleidentliche Weise, daß mehrere Leute das Selige berührt hätte.« Gemeiners Regensb. Chron. zum Jahr 1474.

15  Schwiegertochter.

Da lief die Tochter fröhlich mit Eile hinauf, ein rein Leintuch zu holen, bracht' es und half ihr aus dem Kasten steigen, das tat sie sonder Mühe und lachenden Mundes. Flugs schlug ihr die Dirne das Tuch um den Leib und führte sie bei ihrer Hand eine schmale Stiege hinauf in der hintersten Ecke des Kellers, da man durch eine Falltür oben gleich in der Töchter Kammer gelangt. Allda ließ sie sich trocken machen und saß auf einem Stuhl, indem ihr Jutta die Füße abrieb. Wie diese ihr nun an die Sohle kam, fuhr sie zurück und kicherte. »War's nicht gelacht?« frug sie selber sogleich. – »Was anders?« rief das Mädchen und jauchzte: »gebenedeiet sei uns der Tag! ein erstes Mal wär' es geglückt!« – Die Wirtin hörte in der Küche das Gelächter und die Freude, kam herein, begierig, wie es zugegangen, doch als sie die Ursach' vernommen – du armer Tropf, so dachte sie, das wird ja schwerlich gelten! – ließ sich indes nichts merken, und Jutte nahm etliche Stücke heraus aus dem Schrank, das Beste was sie hatte, die Hausfreundin zu kleiden. »Seht«, sagte die Mutter: »sie will wohl aus Euch eine Susann Preisnestel[16] machen.« – »Nein«, rief die Lau in ihrer Fröhlichkeit, »laß mich die Aschengruttel[17] sein in deinem Märchen!« – nahm einen schlechten runden Faltenrock und eine Jacke; nicht Schuh noch Strümpfe litt sie an den Füßen, auch hingen ihre Haare ungezöpft bis auf die Knöchel nieder. So strich sie durch das Haus von unten bis zu oberst, durch Küche, Stuben und

16  scherzhafte Bezeichnung aufgeputzter Mädchen. *Preis* heißt der Saum am Hemd; *prisen*, einfassen; mit einer Kette, gewöhnlich von Silber, einschnüren, um den bei der vormaligen oberschwäbischen Frauentracht üblichen Brustvorstecker zu befestigen; der hiezu gebrauchte seidene oder wollene Bändel hieß Preisnestel.

17  (Aschenbrödel), sonst im Schwäbischen auch Aschengrittel und Äschengrusel gennant.

Gemächer. Sie verwunderte sich des gemeinsten Gerätes und seines Gebrauchs, besah den rein gefegten Schenktisch und darüber in langen Reihen die zinnenen Kannen und Gläser, alle gleich gestürzt, mit hängendem Deckel, dazu den kupfernen Schwenkkessel samt der Bürste und mitten in der Stube an der Decke der Weber Zunftgeschmuck, mit Seidenband und Silberdraht geziert, in dem Kästlein von Glas. Von ungefähr erblickte sie ihr eigen Bild im Spiegel, davor blieb sie betroffen und erstockt eine ganze Weile stehn, und als darauf die Söhnerin sie mit in ihre Stube nahm und ihr ein neues Spiegelein, drei Groschen wert, verehrte, da meinte sie Wunders zu haben; denn unter allen ihren Schätzen fand sich dergleichen nicht.

Bevor sie aber Abschied nahm, geschah's, daß sie hinter den Vorhang des Alkoven schaute, woselbst der jungen Frau und ihres Mannes Bett sowie der Kinder Schlafstätte war. Saß da ein Enkelein mit rotgeschlafenen Backen, hemdig und einen Apfel in der Hand, auf einem runden Stühlchen von guter Ulmer Hafnerarbeit, grünverglaset. Das wollte dem Gast außer Maßen gefallen; sie nannte es einen viel zierlichen Sitz, rümpft' aber die Nase mit eins, und da die drei Frauen sich wandten zu lachen, vermerkte sie etwas und fing auch hell zu lachen an, und hielt sich die ehrliche Wirtin den Bauch, indem sie sprach: »Diesmal fürwahr hat es gegolten, und Gott schenk' Euch so einen frischen Buben, als mein Hans da ist!«

Die Nacht darauf, daß sich dies zugetragen, legte sich die schöne Lau getrost und wohlgemut, wie schon in langen Jahren nicht, im Grund des Blautopfs nieder, schlief gleich ein, und bald erschien ihr ein närrischer Traum.

Ihr deuchte da, es war die Stunde nach Mittag, wo in der heißen Jahreszeit die Leute auf der Wiese sind und mähen, die Mönche aber sich in ihren kühlen Zellen eine Ruhe machen, daher es noch einmal so still im ganzen Kloster und rings um seine Mauern war. Es stund jedoch nicht lange an, so kam der Abt herausspaziert und sah, ob nicht etwa die Wirtin in ihrem Garten sei. Dieselbe aber saß als eine dicke Wasserfrau mit langen Haaren in dem Topf, allwo der Abt sie bald entdeckte, sie begrüßte und ihr einen Kuß gab, so mächtig, daß es vom Klostertürmlein widerschallte, und schallte es der Turm ans Refektorium, das sagt' es der Kirche, und die sagt's dem Pferdstall, und der sagt's dem Fischhaus, und das sagt's dem Waschhaus, und im Waschhaus da riefen's die Zuber und Kübel sich zu. Der Abt erschrak bei solchem Lärm; ihm war, wie er sich nach der Wirtin bückte, sein Käpplein in Blautopf gefallen; sie gab es ihm geschwind, und er watschelte hurtig davon.

Da aber kam aus dem Kloster heraus unser Herrgott, zu sehn, was es gebe. Er hatte einen langen weißen Bart und einen roten Rock[18]. Und frug den Abt, der ihm just in die Hände lief:

»Herr Abt, wie ward Euer Käpplein so naß?«

Und er antwortete:

18 Ein alter Reim, welchen die Wärterinnen hersagen, wenn sie die Kinder auf den Knieen reiten lassen, enthält schon diese Vorstellung:

Hott$^a$, Hott$^a$, Rößle,
Z'Stu$^a$gart steht a Schlößle,
Z'Stu$^a$gart steht a Gart$^a$haus,
Guck$^a$t drei schöne Jungfr$^a$ raus:
Die ein' spinnt Seide,
die ander' spinnt Weide,
Die dritt' die spinnt $^a$n rot$^a$ Rock
Für unsern li$^a$b$^a$ Herr$^a$gott.

s.E. Meiers »Kinderreime«, S. 5

»Es ist mir ein Wildschwein am Wald verkommen,
Vor dem hab’ ich Reißaus genommen;
Ich rannte sehr und schwitzet’ baß[19],
Davon ward wohl mein Käpplein so naß.«


Da hob unser Herrgott, unwirs[20] ob der Lüge, seinen Finger
auf, winkt’ ihm und ging voran, dem Kloster zu. Der Abt sah
hehlings noch einmal nach der Frau Wirtin um, und diese rief:
»Ach liebe Zeit, ach liebe Zeit, jetzt kommt der gut’ alt’ Herr
in die Prison!«

Dies war der schönen Lau ihr Traum. Sie wußte aber beim
Erwachen und spürte noch an ihrem Herzen, daß sie im Schlaf
sehr lachte, und ihr hüpfte noch wachend die Brust, daß der
Blautopf oben Ringlein schlug.

Weil es den Tag zuvor sehr schwül gewesen, so blitzte es
jetzt in der Nacht. Der Schein erhellte den Blautopf ganz, auch
spürte sie am Boden, es donnere weitweg. So blieb sie mit zu-
friedenem Gemüte noch eine Weile ruhen, den Kopf in ihre
Hand gestützt, und sah dem Wetterblicken[21] zu. Nun stieg sie
auf, zu wissen, ob der Morgen etwa komme: allein es war noch
nicht viel über Mitternacht. Der Mond stand glatt und schön
über dem Rusenschloß[22], die Lüfte aber waren voll vom
Würzgeruch der Mahden[23].


19  sehr gut, besser.

20  unwirsch, ungehalten.

21  der Blick, Durnblick, Wetterblick, Blitz.

22  oder Hohen-Gerhausen, vormals eine gewaltige Bergfeste, jetzt
    äußerst malerische Ruine über dem Dorfe Gerhausen gelegen,
    in der Nähe vom *Ruck*, einer minder bedeutenden Burg.

23  (das), 1. die zu mähende Wiese, 2. das Gemähte.

Sie meinte fast der Geduld nicht zu haben bis an die Stunde, wo sie im Nonnenhof ihr neues Glück verkünden durfte, ja wenig fehlte, daß sie sich jetzt nicht mitten in der Nacht aufmachte und vor Juttas Türe kam (wie sie nur einmal, Trostes wegen, in übergroßem Jammer nach der jüngsten Botschaft aus der Heimat tat), doch sie besann sich anders und ging zu besserer Zeit.

Frau Betha hörte ihren Traum gutmütig an, obwohl er ihr ein wenig ehrenrührig schien. Bedenklich aber sagte sie darauf: »Baut nicht auf solches Lachen, das im Schlaf geschah; der Teufel ist ein Schelm. Wenn Ihr auf solches Trugwerk hin die Boten mit fröhlicher Zeitung entließet, und die Zukunft strafte Euch Lügen, es könnte schlimm daheim ergehen.«

Auf diese ihre Rede hing die schöne Lau den Mund gar sehr und sagte: »Frau Ahne hat der Traum verdrossen!« – nahm kleinlauten Abschied und tauchte hinunter.

Es war nah bei Mittag, da rief der Pater Schaffner im Kloster dem Bruder Kellermeister eifrig zu: »Ich merk', es ist im Gumpen letz! die Arge will Euch Eure Faß wohl wieder einmal schwimmen lehren. Tut Eure Läden eilig zu, vermachet alles wohl!«

790

Nun aber war des Klosters Koch, der Wirtin Sohn, ein lustiger Vogel, welchen die Lau wohl leiden mochte. Der dachte ihren Jäst[24] mit einem Schnak zu stillen, lief nach seiner Kammer, zog die Bettscher' aus der Lagerstätte und steckte sie am Blautopf in den Rasen, wo das Wasser auszutreten pflegte, und stellte sich mit Worten und Gebärden als einen viel getreuen Diener an, der mächtig Ängsten hätte, daß seine Herrschaft aus dem Bette fallen und etwa Schaden nehmen möchte. Da sie nun sah das Holz so recht mit Fleiß gesteckt und über das

24    Jast, Gärung, aufbrausender Zorn.

Bächlein gespreizt, kam ihr in ihrem Zorn das Lachen an, und lachte überlaut, daß man's im Klostergarten hörte.

Als sie hierauf am Abend zu den Frauen kam, da wußten sie es schon vom Koch und wünschten ihr mit tausend Freuden Glück. Die Wirtin sagte: »Der Xaver ist von Kindesbeinen an gewesen als wie der Zuberklaus[25], jetzt kommt uns seine Torheit zustatten.«

Nun aber ging ein Monat nach dem andern herum, es wollte sich zum dritten- oder viertenmal nicht wieder schicken. Martini war vorbei, noch wenig Wochen, und die Boten standen wieder vor der Tür. Da ward es den guten Wirtsleuten selbst bang, ob heuer noch etwas zustande käme, und alle hatten nur zu trösten an der Frau. Je größer deren Angst, je weniger zu hoffen war.

Damit sie ihres Kummers eher vergesse, lud ihr Frau Betha einen Lichtkarz[26] ein, da nach dem Abendessen ein halb Dutzend muntre Dirnen und Weiber aus der Verwandtschaft in einer abgelegenen Stube mit ihren Kunkeln sich zusammensetzten. Die Lau kam alle Abend in Juttas altem Rock und Kittel und ließ sich weit vom warmen Ofen weg in einem Winkel

---

25 ein Mensch, der seltsame Einfälle hat; vielleicht, sagt Schmid, eine scherzhafte Verstümmelung des Wortes *superklug*, zugleich anspielend auf den Klaus Narr. Letzterer ist ohne Zweifel in dem Wort enthalten, im übrigen hat diese Erklärung etwas zu Modernes. Ein humoristischer Etymolog nimmt die erste Worthälfte bar und will, ich weiß nicht, wo, gefunden haben, daß sich Klaus Narr eines solchen Geräts bei einem Ulmer Schifferstechen als Fahrzeugs, in Ermangelung eines ordentlichen Nachens, bedient habe.

26 *Kurz*, entweder von *garten*, müßig sein, umherschwärmen, *z'Garten gehen*, Besuch machen oder wahrscheinlicher von *Kerze*: Versammlung von Spinnerinnen, auch *Vorsitz* genannt.

auf den Boden nieder und hörte dem Geplauder zu, von Anfang als ein stummer Gast, ward aber bald zutraulich und bekannt mit allen. Um ihretwillen machte sich Frau Betha eines Abends ein Geschäft daraus, ihr Weihnachtskripplein für die Enkel beizeiten herzurichten: die Mutter Gottes mit dem Kind im Stall, bei ihr die drei Weisen aus Morgenland, ein jeder mit seinem Kamel, darauf er hergereist kam und seine Gaben brachte. Dies alles aufzuputzen und zu leimen, was etwa lotter war, saß die Frau Wirtin an dem Tisch beim Licht mit ihrer Brille, und die Wasserfrau mit höchlichem Ergötzen sah ihr zu, sowie sie auch gerne vernahm, was ihr von heiligen Geschichten dabei gesagt wurde, doch nicht, daß sie dieselben dem rechten Verstand nach begriff oder zu Herzen nahm, wie gern auch die Wirtin es wollte.

Frau Betha wußte ferner viel lehrreicher Fabeln und Denkreime, auch spitzweise[27] Fragen und Rätsel; die gab sie nacheinander im Vorsitz auf zu raten, weil sonderlich die Wasserfrau von Hause aus dergleichen liebte und immer gar zufrieden schien, wenn sie es ein und das andre Mal traf (das doch nicht allzu leicht geriet). Eines derselben gefiel ihr vor allen, und was damit gemeint ist, nannte sie ohne Besinnen:

»Ich bin eine dürre Königin,
Trag’ auf dem Haupt eine zierliche Kron’,
Und die mir dienen mit treuem Sinn,
Die haben großen Lohn.
Meine Frauen müssen mich schön frisiern,
Erzählen mir Märlein ohne Zahl,
Sie lassen kein einzig Haar an mir,
Doch siehst du mich nimmer kahl.

27    spitzfindig; »mit spitzwysen Worten« (Ulmer Urk.).

20

Spazieren fahr' ich frank und frei,
Das geht so rasch, das geht so fein;
Nur komm' ich nicht vom Platz dabei –
Sagt, Leute, was mag das sein?«

Darüber sagte sie, in etwas fröhlicher denn zuvor: »Wenn ich dereinstens wiederum in meiner Heimat bin und kommt einmal ein schwäbisch Landeskind, zumal aus eurer Stadt, auf einer Kriegsfahrt oder sonst durch der Walachen Land an unsere Gestade, so ruf' er mich bei Namen, dort wo der Strom am breitesten hineingeht in das Meer – versteht, zehn Meilen einwärts in dieselbe See erstreckt sich meines Mannes Reich, soweit das süße Wasser sie mit seiner Farbe färbt –, dann will ich kommen und dem Fremdling zu Rat und Hilfe sein. Damit er aber sicher sei, ob ich es bin und keine andere, die ihm schaden möchte, so stelle er dies Rätsel. Niemand aus unserem Geschlechte außer mir wird ihm darauf antworten, denn dortzuland sind solche Rocken und Rädlein, als ihr in Schwaben führet, nicht gesehn, noch kennen sie dort eure Sprache; darum mag dies die Losung sein.«

Auf einen andern Abend ward erzählt vom Doktor Veylland und Herrn Konrad von Wirtemberg, dem alten Gaugrafen, in dessen Tagen es noch keine Stadt mit Namen Stuttgart gab. Im Wiesental, da wo dieselbe sich nachmals erhob, stund nur ein stattliches Schloß mit Wassergraben und Zugbrücke, von Bruno, dem Domherrn von Speyer, Konradens Oheim, erbaut, und nicht gar weit davon ein hohes steinernes Haus[28]. In diesem

792

28  Es ist das der Stiftskirche westlich gegenüberstehende, jetzt Architekt Mäntlersche Haus gemeint, das gegenwärtig noch »zum Schlößlein« heißt. Es soll den Herrn von Kaltenthal gehört haben; Memminger, in seiner Beschreibung der Stadt, macht es aber sehr wahrscheinlich, daß das Gebäude von Anfang gräflich wir-

wohnte dazumal mit einem alten Diener ganz allein ein sonderlicher Mann, der war in natürlicher Kunst[29] und in Arzneikunst sehr gelehrt und war mit seinem Herrn, dem Grafen, weit in der Welt herumgereist, in heißen Ländern, von wo er manche Seltsamkeit an Tieren, vielerlei Gewächsen und Meerwundern heraus nach Schwaben brachte. In seinem Öhrn sah man der fremden Sachen eine Menge an den Wänden herum hangen: die Haut vom Krokodil sowie Schlangen und fliegende Fische. Fast alle Wochen kam der Graf einmal zu ihm; mit andern Leuten pflegte er wenig Gemeinschaft. Man wollte behaupten, er mache Gold; gewiß ist, daß er sich unsichtbar machen konnte, denn er verwahrte unter seinem Kram einen Krackenfischzahn. Einst nämlich, als er auf dem Roten Meer das Bleilot niederließ, die Tiefe zu erforschen, da zockt' es unterm Wasser, daß das Tau fast riß. Es hatte sich ein Krackenfisch im Lot verbissen und zween seiner Zähne darinne gelassen. Sie sind wie eine Schustersahle spitz und glänzend schwarz. Der eine stak sehr fest, der andre ließ sich leicht ausziehen. Da nun ein solcher Zahn, etwa in Silber oder Gold gefaßt und bei sich getragen, besagte hohe Kraft besitzt und zu den größten Gütern, so man für Geld nicht haben kann, gehört, der Doktor aber dafür hielt, es zieme eine solche Gabe niemand besser als einem weisen und wohldenkenden Gebieter, damit er überall, in seinen

tembergisches Besitztum, und zwar einer der Sitze oder eine der Burgen gewesen sei, die nächst dem Stutengarten die Entstehung von Stuttgart veranlaßt haben mögen.

29  *Natürlich*, naturkundig. »Von den sachen des siechtumbs nach gemainen löffen der natur schreiben die natürlichen maister«: Steinhöwel (Ulmer Arzt). Natürliche Meister sind aber nicht bloß Ärzte, sondern auch Philosophen. In dem »Buch der sterbenden Menschheit« heißt es: »Ein mächtiger wolgelerter man in philosophia das ist in natürlicher Kunst.«

eigenen und Feindes Landen, sein Ohr und Auge habe, so gab er einen dieser Zähne seinem Grafen, wie er ja ohnedem wohl schuldig war, mit Anzeigung von dessen Heimlichkeit, davon der Herr nichts wußte. Von diesem Tage an erzeigte sich der Graf dem Doktor gnädiger als allen seinen Edelleuten oder Räten und hielt ihn recht als seinen lieben Freund, ließ ihm auch gern und sonder Neid das Lot zu eigen, darin der andere Zahn war, doch unter dem Gelöbnis, sich dessen ohne Not nicht zu bedienen, auch ihn vor seinem Ableben entweder ihm, dem Grafen, erblich zu verlassen oder auf alle Weise der Welt zu entrücken, wo nicht ihn gänzlich zu vertilgen. Der edle Graf starb aber um zwei Jahre eher als der Veylland und hinterließ das Kleinod seinen Söhnen nicht; man glaubt, aus Gottesfurcht und weisem Vorbedacht hab' er's mit in das Grab genommen oder sonst verborgen.

793 Wie nun der Doktor auch am Sterben lag, so rief er seinen treuen Diener Kurt zu ihm ans Bett und sagte: »Lieber Kurt! es gehet diese Nacht mit mir zum Ende, so will ich dir noch deine guten Dienste danken und etliche Dinge befehlen. Dort bei den Büchern, in dem Fach zu unterst in der Ecke, ist ein Beutel mit hundert Imperialen[30], den nimm sogleich zu dir; du wirst auf Lebenszeit genug daran haben. Zum zweiten, das alte geschriebene Buch in dem Kästlein daselbst verbrenne jetzt vor meinen Augen hier in dem Kamin. Zum dritten findest du ein Bleilot dort, das nimm, verbirg's bei deinen Sachen, und wenn du aus dem Hause gehst in deine Heimat, gen Blaubeuren, laß es dein erstes sein, daß du es in den Blautopf wirfst.« – Hiermit war er darauf bedacht, daß es, ohne Gottes besondere Fügung, in ewigen Zeiten nicht in irgendeines Menschen Hände komme.

30    war ehmals eine Goldmünze; der Name ist nur noch in Rußland üblich.

Denn damals hatte sich die Lau noch nie im Blautopf blicken lassen und hielt man selben überdies für unergründlich.

Nachdem der gute Diener jenes alles teils auf der Stelle ausgerichtet, teils versprochen, nahm er mit Tränen Abschied von dem Doktor, welcher vor Tage noch das Zeitliche gesegnete.

Als nachher die Gerichtspersonen kamen und allen kleinen Quark aussuchten und versiegelten, da hatte Kurt das Bleilot zwar beiseit' gebracht, den Beutel aber nicht versteckt, denn er war keiner von den Schlauesten, und mußte ihn da lassen, bekam auch nach der Hand nicht einen Deut davon zu sehen, kaum daß die schnöden Erben ihm den Jahreslohn auszahlten.

Solch Unglück ahnete ihm schon, als er, auch ohnedem betrübt genug, mit seinem Bündelein in seiner Vaterstadt einzog. Jetzt dachte er an nichts, als seines Herrn Befehl vor allen Dingen zu vollziehen. Weil er seit dreiundzwanzig Jahren nimmer hier gewesen, so kannte er die Leute nicht, die ihm begegneten, und da er gleichwohl einem und dem andern Guten Abend sagte, gab's ihm niemand zurück. Die Leute schauten sich, wenn er vorüber kam, verwundert an den Häusern um, wer doch da gegrüßt haben möchte, denn keines erblickte den Mann. Dies kam, weil ihm das Lot in seinem Bündel auf der linken Seite hing; ein andermal, wenn er es rechts trug, war er von allen gesehen. Er aber sprach für sich: »Zu meiner Zeit sind di$^a$ Blaubeur$^a$m$^a$r so grob ett gwä!«

Beim Blautopf fand er seinen Vetter, den Seilermeister, mit dem Jungen am Geschäft, indem er längs der Klostermauer, rückwärts gehend, Werg aus seiner Schürze spann, und weiterhin der Knabe trillte die Schnur mit dem Rad. – »Gott grü$^a$ß di, Vetter Seiler!« rief der Kurt und klopft' ihm auf die Achsel. Der Meister guckt sich um, verblaßt, läßt seine Arbeit aus den Händen fallen und lauft, was seine Beine mögen. Da lachte der andere, sprechend: »Der denkt, mei' Seel, i wandele geistweis!

794

D'Leut hant g'wiß mi für tot hi[a] g'sagt, anstatt mein' Herr[a] – ei so schlag!«

Jetzt ging er zu dem Teich, knüpfte sein Bündel auf und zog das Lot heraus. Da fiel ihm ein, er möchte doch auch wissen, ob es wahr sei, daß der Gumpen keinen Grund noch Boden habe (er wär' gern auch ein wenig so ein Spiriguckes[31] wie sein Herr gewesen), und weil er vorhin in des Seilers Korb drei große starke Schnürbund liegen sehn, so holte er dieselben her und band das Lot an einen. Es lagen just auch frischgebohrte Teichel, eine schwere Menge, in dem Wasser bis gegen die Mitte des Topfs, darauf er sicher Posto fassen konnte, und also ließ er das Gewicht hinunter, indem er immer ein Stück Schnur an seinem ausgestreckten Arm abmaß, drei solcher Längen auf ein Klafter rechnete und laut abzählte: » – 1 Klafter, 2 Klafter, 3, 4, 5, 6, 7, 8, 9, 10«; – da ging der erste Schnurbund aus und mußte er den zweiten an das Ende knüpfen, maß wiederum ab und zählte bis auf 20. Da war der andere Schnurbund gar. – »Heid[a]guguk, ist dees [a] Ti[a]fe!« – und band den dritten an das Trumm, fuhr fort zu zählen: »21, 22, 23, 24 – Höll-Element, mei' Arm will nimme! – 25, 26, 27, 28, 29, 30 – Jetzet gu[a]t Nacht, 's Meß hot [a] End! Do heißt's halt, mir nex, dir nex, rappede kappede, so isch usgang[a][32]!« – Er schlang die Schnur, bevor er aufzog, um das Holz, darauf er stand, ein wenig zu verschnaufen, und urteilte bei sich: der Topf ist währle bod[a]laus[33].

31 ein wunderwitziger, neugieriger, auf Kuriositäten erpichter Mensch von sonderbarem Wesen.

32 sagt man am Schlusse der Erzählung einer Sache, die auf nichts hinausläuft.

33 bodenlos.

Indem der Spinnerinnen eine diesen Schwank erzählte, tat die Wirtin einen schlauen Blick zur Lau hinüber, welche lächelte; denn freilich wußte sie am besten, wie es gegangen war mit dieser Messerei; doch sagten beide nichts. Dem Leser aber soll es unverhalten sein.

Die schöne Lau lag jenen Nachmittag auf dem Sand in der Tiefe, und, ihr zu Füßen, eine Kammerjungfer, Aleila, welche ihr die liebste war, beschnitte ihr in guter Ruh die Zehen mit einer goldenen Schere, wie von Zeit zu Zeit geschah.

Da kam hernieder langsam aus der klaren Höh' ein schwarzes Ding, als wie ein Kegel, des sich im Anfang beide sehr verwunderten, bis sie erkannten, was es sei. Wie nun das Lot mit neunzig Schuh den Boden rührte, da ergriff die scherzlustige Zofe die Schnur und zog gemach mit beiden Händen, zog und zog, so lang, bis sie nicht mehr nachgab. Alsdann nahm sie geschwind die Schere und schnitt das Lot hinweg, erlangte einen dicken Zwiebl, der war erst gestern in den Topf gefallen und war fast eines Kinderkopfes groß, und band ihn bei dem grünen Schossen an die Schnur, damit der Mann erstaune, ein ander Lot zu finden, als das er ausgeworfen. Derweile aber hatte die schöne Lau den Krackenzahn im Blei mit Freuden und Verwunderung entdeckt. Sie wußte seine Kraft gar wohl, und ob zwar für sich selbst die Wasserweiber oder -männer nicht viel darnach fragen, so gönnen sie den Menschen doch so großen Vorteil nicht, zumalen sie das Meer und was sich darin findet von Anbeginn als ihren Pacht und Lehn ansprechen. Deswegen denn die schöne Lau mit dieser ungefähren Beute sich dereinst, wenn sie zu Hause käme, beim alten Nix, ihrem Gemahl, Lobs zu erholen hoffte. Doch wollte sie den Mann, der oben stund, nicht lassen ohn' Entgelt, nahm also alles, was sie eben auf dem Leibe hatte, nämlich die schöne Perlenschnur an ihrem Hals, schlang selbe um den großen Zwiebel, gerade als er sich nunmehr erhob; und daran war es nicht genug: sie hing zuteuerst[34] auch die goldne Schere noch daran und sah mit hellem Aug', wie das Gewicht hinaufgezogen ward. Die Zofe aber, neubegierig, wie sich das Menschenkind dabei gebärde, stieg hinter dem Lot in die Höhe und weidete sich zwo Spannen unterhalb dem Spiegel an des Alten Schreck und Verwirrung. Zuletzt fuhr sie mit ihren beiden aufgehobenen Händen ein maler viere in der Luft herum, die weißen Finger als zu einem Fächer oder Wadel ausgespreizt. Es waren aber schon zuvor auf des Vetters Seilers Geschrei viel Leute aus der Stadt herausgekommen, die standen um den Blautopf her und sahn dem Abenteuer zu, bis wo die grausigen Hände erschienen; da stob mit eins die Menge voneinander und entrann.

Der alte Diener aber war von Stund an irrsch[35] im Kopf ganzer sieben Tage und sah der Lau ihre Geschenke gar nicht an, sondern saß da, bei seinem Vetter, hinterm Ofen, und sprach des Tags wohl hundertmal ein altes Sprüchlein vor sich hin, von welchem kein Gelehrter in ganz Schwabenland Bescheid zu geben weiß, woher und wie oder wann erstmals es unter die Leute gekommen. Denn von ihm selber hatte es der Alte nicht; man gab es lang vor seiner Zeit, gleichwie noch heutigestags, den Kindern scherzweis auf, wer es ganz hurtig nacheinander ohne Tadel am öftesten hersagen könne; und lauten die Worte:

796

>»'s leit ᵃ Klötzle[36] Blei glei bei Blaubeurᵃ,
glei bei Blaubeurᵃ leit ᵃ Klötzle Blei.«

34  sogar.

35  nicht recht bei sich.

36  es liegt usw. Diese Zeilen finden sich ebenso in E. Meiers »Kinderreimen«.

27

Die Wirtin nannt' es einen rechten Leirenbendel[37] und sagte: »Wer hätte auch den mindesten Verstand da drin gesucht, geschweige eine Prophezeiung!«

Als endlich der Kurt mit dem siebenten Morgen seine gute Besinnung wiederfand und ihm der Vetter die kostbaren Sachen darwies, so sein rechtliches Eigentum wären, da schmunzelte er doch, tat sie in sicheren Verschluß und ging mit des Seilers zu Rat, was damit anzufangen. Sie achteten alle fürs beste, er reise mit Perlen und Schere gen Stuttgart, wo eben Graf Ludwig sein Hoflager hatte, und biete sie demselben an zum Kauf. So tat er denn. Der hohe Herr war auch nicht karg und gleich bereit, so seltene Zier nach Schätzung eines Meisters für seine Frau zu nehmen; nur als er von dem Alten hörte, wie er dazu gekommen, fuhr er auf und drehte sich voll Ärger auf dem Absatz um, daß ihm der Wunderzahn verloren sei. Ihm war vordem etwas von diesem kund geworden, und hatte er dem Doktor, bald nach Herrn Konrads Hintritt, seines Vaters, sehr darum angelegen, doch umsonst.

Dies war nun die Geschichte, davon die Spinnerinnen damals plauderten. Doch ihnen war das Beste daran unbekannt. Eine Gevatterin, so auch mit ihrer Kunkel unter ihnen saß, hätte noch gar gern gehört, ob wohl die schöne Lau das Lot noch habe, auch was sie damit tue? und red'te so von weitem darauf hin; da gab Frau Betha ihr nach ihrer Weise einen kleinen Stich und sprach zur Lau: »Ja, gelt, jetzt macht Ihr Euch bisweilen unsichtbar, geht herum in den Häusern und guckt den Weibern in die Töpfe, was sie zu Mittag kochen? Eine schöne Sach' um so ein Lot für fürwitzige Leute!«

37    langweiliges Einerlei; zunächst der schwäbische Volksname für einen Vogel, Wendehals.

Inmittelst fing der Dirnen eine an, halblaut das närrische Gesetzlein[38] herzusagen; die andern taten ein gleiches, und jede wollt' es besser können, und keine brachte es zum dritten oder viertenmal glatt aus dem Mund; dadurch gab es viel Lachen. Zum letzten mußte es die schöne Lau probieren, die Jutte ließ ihr keine Ruh. Sie wurde rot bis an die Schläfe, doch hub sie an und klüglicherweise gar langsam:

»'s leit ᵃ Klötzle Blei glei bei Blaubeuren.«

797 Die Wirtin rief ihr zu, so sei es keine Kunst, es müsse gehen wie geschmiert! Da nahm sie ihren Anlauf frisch hinweg, kam auch alsbald vom Pfad ins Stoppelfeld, fuhr buntüberecks[39] und wußte nimmer gicks noch gacks. Jetzt, wie man denken kann, gab es Gelächter einer Stuben voll, das hättet ihr nur hören sollen, und mitten draus hervor der schönen Lau ihr Lachen, so hell wie ihre Zähne, die man alle sah!

Doch unversehens, mitten in dieser Fröhlichkeit und Lust, begab sich ein mächtiges Schrecken.

Der Sohn vom Haus, der Wirt, – er kam gerade mit dem Wagen heim von Sonderbuch und fand die Knechte verschlafen im Stall – sprang hastig die Stiege herauf, rief seine Mutter vor die Tür und sagte, daß es alle hören konnten: »Um Gottes willen, schickt die Lau nach Haus! Hört Ihr denn nicht im Städtlein den Lärm? der Blautopf leert sich aus, die untere Gasse ist schon unter Wasser, und in dem Berg am Gumpen ist ein Getös und Rollen, als wenn die Sündflut käme!« – Indem er noch so sprach, tat innen die Lau einen Schrei: »Das ist der König, mein Gemahl, und ich bin nicht daheim!« – Hiermit

38 Sprüchlein, Strophe eines Lieds.

39 verkehrt, durcheinander.

fiel sie von ihrem Stuhl sinnlos zu Boden, daß die Stube zitterte. Der Sohn war wieder fort, die Spinnerinnen liefen jammernd heim mit ihren Rocken, die andern aber wußten nicht, was anzufangen mit der armen Lau, welche wie tot da lag. Eins machte ihr die Kleider auf, ein anderes strich sie an, das dritte riß die Fenster auf, und schafften doch alle miteinander nichts.

Da streckte unverhofft der lustige Koch den Kopf zur Tür herein, sprechend: »Ich hab' mir's eingebildet, sie wär' bei euch! Doch, wie ich sehe, geht's nicht allzu lustig her. Macht, daß die Ente in das Wasser kommt, so wird sie schwimmen!« – »Du hast gut reden!« sprach die Mutter mit Beben: »*hat* man sie auch im Keller und im Brunnen, kann sie sich unten nicht den Hals abstürzen im Geklüft?« – »Was Keller!« rief der Sohn: »was Brunnen! das geht ja freilich nicht – laßt mich nur machen! Not kennt kein Gebot – ich trag' sie in den Blautopf.« – Und damit nahm er, als ein starker Kerl, die Wasserfrau auf seine Arme. »Komm, Jutta – nicht heulen! – geh mir voran mit der Latern'!« – »In Gottes Namen!« sagte die Wirtin: »doch nehmt den Weg hinten herum durch die Gärten: es wimmelt die Straße mit Leuten und Lichtern.« – »Der Fisch hat sein Gewicht!« sprach er im Gehn, schritt aber festen Tritts die Stiege hinunter, dann über den Hof und links und rechts, zwischen Hecken und Zäunen hindurch.

798

Am Gumpen fanden sie das Wasser schon merklich gefallen, gewahrten aber nicht, wie die drei Zofen, mit den Köpfen dicht unter dem Spiegel, ängstig hin und wieder schwammen, nach ihrer Frau ausschauend. Das Mädchen stellte die Laterne hin, der Koch entledigte sich seiner Last, indem er sie behutsam mit dem Rücken an den Kürbishügel lehnte. Da raunte ihm sein eigener Schalk ins Ohr: wenn du sie küßtest, freute dich's dein Leben lang, und könntest du doch sagen, du habest einmal eine Wasserfrau geküßt. – Und eh' er es recht dachte, war's geschehen. Da löschte ein Schuck Wasser aus dem Topf das Licht urplötzlich aus, daß es stichdunkel war umher, und tat es dann nicht anders, als wenn ein ganz halb Dutzend nasser Hände auf ein paar kernige Backen fiel, und wo es sonst hintraf. Die Schwester rief: »Was gibt es denn?« – »Maulschellen, heißt man's hier herum!« sprach er: »ich hätte nicht gedacht, daß sie am Schwarzen Meer sottige[40] Ding' auch kenneten!« – Dies sagend, stahl er sich eilends davon, doch weil es vom Widerhall drüben am Kloster auf Mauern und Dächern und Wänden mit Maulschellen brazzelte, stund er bestürzt, wußte nicht recht wohin, denn er glaubte den Feind vorn und hinten. (Solch einer Witzung[41] brauchte es, damit er sich des Mundes nicht berühme, den er geküßt, unwissend zwar, daß er es *müssen* tun der schönen Lau zum Heil.)

Inwährend diesem argen Lärm nun hörte man die Fürstin in ihrem Ohnmachtschlaf so innig lachen, wie sie damals im Traum getan, wo sie den Abt sah springen. Der Koch vernahm es noch von weitem, und ob er's schon auf sich zog und mit Grund, erkannte er doch gern daraus, daß es nicht weiter Not mehr habe mit der Frau.

Bald kam mit guter Zeitung auch die Jutte heim, die Kleider, den Rock und das Leibchen im Arm, welche die schöne Lau zum letztenmal heut' am Leibe gehabt. Von ihren Kammerjungfern, die sie am Topf in Beisein des Mädchens empfingen, erfuhr sie gleich zu ihrem großen Trost, der König sei noch nicht gekommen, doch mög' es nicht mehr lang anstehn, die große Wasserstraße sei schon angefüllt. Dies nämlich war ein breiter hoher Felsenweg, tief unterhalb den menschlichen Wohnstätten, schön grad und eben mitten durch den Berg gezogen, zwo

---

40    *söttige, sotte,* solche.

41    Witzigung, Warnung.

Meilen lang von da bis an die Donau, wo des alten Nixen Schwester ihren Fürstensitz hatte. Derselben waren viele Flüsse, Bäche, Quellen dieses Gaus dienstbar; die schwellten, wenn das 799 Aufgebot an sie erging, besagte Straße in gar kurzer Zeit so hoch mit ihren Wassern, daß sie mit allem Seegetier, Meerrossen und Wagen füglich befahren werden mochte, welches bei festlicher Gelegenheit zuweilen als ein schönes Schaugepräng' mit vielen Fackeln und Musik von Hörnern und Pauken geschah.

Die Zofen eilten jetzo sehr mit ihrer Herrin in das Putzgemach, um sie zu salben, zöpfen und köstlich anzuziehen; das sie auch gern zuließ und selbst mithalf, denn sie in ihrem Innern fühlte, es sei nun jegliches erfüllt zusamt dem Fünften, so der alte Nix und sie nicht wissen durfte.

Drei Stunden wohl nachdem der Wächter Mitternacht gerufen, es schlief im Nonnenhof schon alles, erscholl die Kellerglocke zweimal mächtig, zum Zeichen, daß es Eile habe, und hurtig waren auch die Frauen und die Töchter auf dem Platz.

Die Lau begrüßte sie wie sonst vom Brunnen aus, nur war ihr Gesicht von der Freude verschönt, und ihre Augen glänzten, wie man es nie an ihr gesehen. Sie sprach: »Wißt, daß mein Ehgemahl um Mitternacht gekommen ist. Die Schwieger hat es ihm voraus verkündigt ohnelängst, daß sich in dieser Nacht mein gutes Glück vollenden soll, darauf er ohne Säumen auszog, mit Geleit der Fürsten, seinem Ohm und meinem Bruder Synd und vielen Herren. Am Morgen reisen wir. Der König ist mir hold und gnädig, als hieß' ich von heute an erst sein Gespons. Sie werden gleich vom Mahl aufstehn, sobald sie den Umtrunk gehalten. Ich schlich auf meine Kammer und hierher, noch meine Gastfreunde zu grüßen und zu herzen. Ich sage Dank, Frau Ahne, liebe Jutta, Euch Söhnerin und Jüngste dir. Grüßet die nicht zugegen sind, die Männer und die Mägde. In jedem dritten Jahr wird euch Botschaft von mir; auch mag es wohl geschehn, daß ich noch bälder komme selber, da bring' ich mit auf diesen meinen Armen ein lebend Merkmal, daß die Lau bei euch gelacht. Das wollen euch die Meinen allezeit gedenken, wie ich selbst. Für jetzo, wisset, liebe Wirtin, ist mein Sinn, einen Segen zu stiften in dieses Haus für viele seiner Gäste. Oft habe ich vernommen, wie Ihr den armen wandernden Gesellen Gut's getan mit freier Zehrung und Herberg'. Damit Ihr solchen fortan mögt noch eine weitere Handreichung tun, so werdet Ihr zu diesem Ende finden beim Brunnen hier einen steinernen Krug voll guter Silbergroschen: davon teilt ihnen nach Gutdünken mit, und will ich das Gefäß, bevor der letzte Pfennig ausgegeben, wieder füllen. Zudem will ich noch stiften auf alle hundert Jahr fünf Glückstage (denn dies ist meine holde Zahl), mit unterschiedlichen Geschenken, also, daß, wer von reisenden Gesellen der erste über Eure Schwelle tritt am Tag, der mir das erste Lachen brachte, der soll empfangen, aus Eurer oder Eurer Kinder Hand, von fünferlei Stücken das Haupt. Ein jeder, so den Preis gewinnt, gelobe, nicht Ort noch Zeit dieser Bescherung zu verraten. Ihr findet aber solche Gaben jedesmal hier nächst dem Brunnen. Die Stiftung, wisset, mache ich für alle Zeit, solang ein Glied von Eurem Stammen auf der Wirtschaft ist.«

Nach diesen Worten redete sie noch manches leise mit der Wirtin und sagte zuletzt: »Vergesset nicht das Lot! der kleine Schuster soll es nimmermehr bekommen.« – Da nahm sie nochmals Abschied und küßte ein jedes. Die beiden Frauen und die Mädchen weinten sehr. Sie steckte Jutten einen Fingerreif mit grünem Schmelzwerk an und sprach dabei: »Ade, Jutta! Wir haben zusammen besondere Holdschaft[42] gehabt, die

42  Liebschaft, zärtliche Freundschaft.

müsse fernerhin bestehen!« – Nun tauchte sie hinunter, winkte und verschwand.

In einer Nische hinter dem Brunnen fand sich richtig der Krug samt den verheißnen Angebinden. Es war in der Mauer ein Loch mit eisernem Türlein versehen, von dem man nie gewußt, wohin es führe; das stand jetzt aufgeschlagen und war daraus ersichtlich, daß die Sachen durch dienstbare Hand auf diesem Weg seien hergebracht worden, deshalb auch alles wohl trocken verblieb. Es lag dabei: ein Würfelbecher aus Drachenhaut, mit goldenen Buckeln beschlagen, ein Dolch mit kostbar eingelegtem Griff, ein elfenbeinen Weberschifflein, ein schönes Tuch von fremder Weberei und mehr dergleichen. Aparte aber lag ein Kochlöffel aus Rosenholz mit langem Stiel, von oben herab fein gemalt und vergoldet, den war die Wirtin angewiesen, dem lustigen Koch zum Andenken zu geben. Auch keins der andern war vergessen.

Frau Betha hielt bis an ihr Lebensende die Ordnung der guten Lau heilig, und ihre Nachkommen nicht minder. Daß jene sich nachmals mit ihrem Kind im Nonnenhof zum Besuch eingefunden, davon zwar steht nichts in dem alten Buch, das diese Geschichten berichtet, doch mag ich es wohl glauben. 801

# Biographie

**1804**    *8. September:* Eduard Mörike wird in Ludwigsburg bei Stuttgart als Sohn des Arztes Karl Friedrich Mörike und seiner Frau, der Pfarrerstochter Charlotte Dorothea, geboren.

**1811**    *Ostern:* Eintritt in die Lateinschule in Ludwigsburg (bis 1817).

**1815**    Das erste erhaltene Gedicht Mörikes entsteht.
Der Vater erleidet einen Schlaganfall.

**1816**    Geburt der Schwester Klara.

**1817**    Tod des Vaters.
Ein Onkel Mörikes, der Jurist Friedrich Eberhard von Georgii, nimmt Mörike zu sich nach Stuttgart, wo Mörike seine Schulausbildung beenden soll.

**1818**    Zwar besteht Mörike nach seinem Gymnasiumsbesuch das Landesexamen nicht, wird jedoch auf Intervention seines Onkels trotzdem ins Niedere theologische Seminar in Urach aufgenommen, der ersten Station der Pfarrerausbildung, die die Familie für ihn vorgesehen hat. Mörike selbst findet Zeit seines Lebens kein wirkliches Interesse am Pfarrerberuf.
Bekanntschaft mit Wilhelm Waiblinger, Wilhelm Hartlaub, der wie Mörike Pfarrer wurde, und Johannes Mährlen, später Professor für Ökonomie.

**1822**    *Herbst:* Mörike beginnt mit dem Theologiestudium am Tübinger Stift (bis 1826).
In Tübingen studieren auch Hartlaub, Mährlen und Waiblinger, außerdem trifft Mörike seine Jugendfreunde David Friedrich Strauß und Friedrich Theodor Vischer wieder. Außerdem lernt er Hermann Hardegg, Rudolf

Lohbauer und Ludwig Bauer kennen.

1823    Liebe zu Maria Meyer.

1826    *Herbst*: Mörike legt sein theologisches Examen ab.
        *Dezember*: Beginn des Vikariats, das er an verschiedenen Orten absolviert: in Möhringen, Oberboihingen, Köngen, Pflummern, Plattenhard, Eltingen und Ochsenwang (bis 1834).

1827    *Dezember*: Mörike wird für anderthalb Jahre vom Kirchendienst beurlaubt (bis Februar 1829). In dieser Zeit versucht er sich in Stuttgart als freier Schriftsteller und Redakteur der Franckschen »Damenzeitung«.

1829    Bekanntschaft und Verlobung mit Luise Rau.

1832    Mörikes Roman »Maler Nolten« (2 Bände) erscheint. Das Werk verbindet die Tradition des Künstler- und Bildungsromans mit dem romantischen Schicksalsmotiv. An der Überarbeitung des Romans arbeitet Mörike bis zu seinem Tod. Die zweite, als Fragment hinterlassene Fassung erscheint postum 1877.

1833    Luise Rau löst das Verlöbnis.

1834    In »Urania. Taschenbuch auf das Jahr 1834« erscheint Mörikes Erzählung »Miß Jenny Harrower. Eine Skizze«. Mörike tritt eine feste Pfarrstelle in Cleversulzbach an. Die Mutter und Mörikes Schwester Klara ziehen mit ihm ins Pfarrhaus ein.

1836    Die Erzählung »Der Schatz« erscheint im »Jahrbuch schwäbischer Dichter und Novellisten«.

1837    Begegnung mit Ludwig Uhland und Karl Mayer.

1838    Die erste Ausgabe der »Gedichte« erscheint. Die Sammlung wird in allen weiteren Auflagen immer wieder überarbeitet, einige Gedichte ausgeschieden, viele neu aufgenommen. Zahlreiche Gedichte werden von bekannten Komponisten wie Robert Schumann,

Johannes Brahms, Hugo Wolf, Hugo Distler, Max Reger usw. vertont.

1839    In Mörikes Sammelband »Iris« erscheinen u.a. als überarbeitete Fassung von »Miß Jenny Harrower« die Novelle »Lucie Gelmeroth« und das Märchen »Der Bauer und sein Sohn«. Außerdem enthält er Mörikes dramatischen Versuch »Die Regenbrüder. Oper in zwei Acten. In Musik gesetz von I. Lachner«.

1840    »Classische Blumenlese« (Übersetzungen).

1841    Tod der Mutter.

1843    *Juli:* Mörike wird wegen Kränklichkeit pensioniert.
*Herbst:* Übersiedlung nach Wermutshausen, wo er im Hause Hartlaubs wohnt (bis Frühjahr 1844).
Bekanntschaft mit Friederike Faber.

1844    Zusammen mit der Schwester Klara zieht Mörike zunächst nach Schwäbisch Hall, im Herbst nach Mergentheim um.

1845    Im Haus der Familie der Oberstleutnants von Speeth, wohin Mörike in Mergentheim umgesiedelt war, lernt er die Tochter Margarethe kennen.

1846    »Idylle vom Bodensee oder Fischer Martin und die Glockendiebe. In sieben Gesängen«.

1848    »Gedichte« (2., vermehrte Auflage).

1850    Beginn der Korrespondenz mit Theodor Storm.

1851    Heirat mit Margarethe von Speeth.
Umzug nach Stuttgart.
Mörike erteilt Literaturunterricht am Katharinenstift für Mädchen (bis 1866).

1852    Die Universität Tübingen ernennt Mörike zum Ehrendoktor.
Die Idylle »Der alte Turmhahn« erscheint im »Kunst- und Unterhaltungsblatt für Stadt und Land«.

| | |
|---|---|
| **1853** | »Das Stuttgarter Hutzelmännlein« (Märchen). |
| | Im »Kunst- und Unterhaltungsblatt für Stadt und Land« erscheint Mörikes Märchen »Die Hand der Jezerte«. |
| **1855** | Geburt der Tochter Fanny. |
| | Mörike wird zum Hofrat ernannt. |
| | Im »Morgenblatt für gebildete Stände« erscheint die Novelle »Mozart auf der Reise nach Prag« (Buchausgabe 1856). |
| | »Theokritos, Bion und Moschos« (Übersetzung, Stuttgart). |
| | Begegnung mit Storm, Heyse, Geibel, Moritz Hartmann und Iwan Turgenjew. |
| **1856** | »Gedichte« (3., vermehrte Auflage). |
| | »Vier Erzählungen«. |
| | Mörike erhält den Professorentitel. |
| **1857** | Geburt der Tochter Marie. |
| **1859** | Mörike gibt anonym »Schillers Gedichte. Auswahl für die Jugend« heraus. |
| **1862** | Mörike erhält die Ehrengabe der Deutschen Schiller-Stiftung. |
| **1864** | Jahrespension der Deutschen Schiller-Stiftung. |
| | »Anakreon und die sogenannten Anakreontischen Lieder« (Übersetzung). |
| | Beginn der Freundschaft mit dem Maler Moritz von Schwindt. |
| **1867** | *Sommer:* Übersiedlung nach Lorch. |
| | »Gedichte« (4., vermehrte Auflage). |
| **1869** | *Herbst:* Umzug nach Stuttgart. |
| **1870** | *Januar:* Mörike zieht nach Nürtingen um. |
| **1873** | »Die Historie von der schönen Lau«. |
| | »Gedichte« (5. Auflage). |
| | *Sommer:* Mörike und seine Frau trennen sich. |

**1875**   *4. Juni:* Mörike stirbt in Stuttgart.

## Erzählungen aus dem Biedermeier

Biedermeier - das klingt in heutigen Ohren nach langweiligem Spießertum, nach geschmacklosen rosa Teetässchen in Wohnzimmern, die aussehen wie Puppenstuben und in denen es irgendwie nach »Omma« riecht.

Zu Recht. Aber nicht nur.

Biedermeier ist auch die Zeit einer zarten Literatur der Flucht ins Idyll, des Rückzuges ins private Glück und der Tugenden. Die Menschen im Europa nach Napoleon hatten die Nase voll von großen neuen Ideen, das aufstrebende Bürgertum forderte und entwickelte eine eigene Kunst und Kultur für sich, die unabhängig von feudaler Großmannssucht bestehen sollte.

**Georg Büchner** Lenz **Karl Gutzkow** Wally, die Zweiflerin **Annette von Droste-Hülshoff** Die Judenbuche **Friedrich Hebbel** Matteo **Jeremias Gotthelf** Elsi, die seltsame Magd **Georg Weerth** Fragment eines Romans **Franz Grillparzer** Der arme Spielmann **Eduard Mörike** Mozart auf der Reise nach Prag **Berthold Auerbach** Der Viereckig oder die amerikanische Kiste

*ISBN 978-3-8430-1884-5, 444 Seiten, 29,80 €*

## Erzählungen aus dem Biedermeier II

**Annette von Droste-Hülshoff** Ledwina **Franz Grillparzer** Das Kloster bei Sendomir **Friedrich Hebbel** Schnock **Eduard Mörike** Der Schatz **Georg Weerth** Leben und Taten des berühmten Ritters Schnapphahnski **Jeremias Gotthelf** Das Erdbeerimareili **Berthold Auerbach** Lucifer

*ISBN 978-3-8430-1885-2, 440 Seiten, 29,80 €*

## Erzählungen aus dem Biedermeier III

**Eduard Mörike** Lucie Gelmeroth **Annette von Droste-Hülshoff** Westfälische Schilderungen **Annette von Droste-Hülshoff** Bei uns zulande auf dem Lande **Berthold Auerbach** Brosi und Moni **Jeremias Gotthelf** Die schwarze Spinne **Friedrich Hebbel** Anna **Friedrich Hebbel** Die Kuh **Jeremias Gotthelf** Barthli der Korber **Berthold Auerbach** Barfüßele

*ISBN 978-3-8430-1886-9, 452 Seiten, 29,80 €*